Katharina Benthues

54 Glücksimpulse für den Grundschulunterricht

Kurze Übungen und kleine Geschichten zum Ankommen, Nachdenken und für ein positives Selbstbild

Katharina Benthues studierte in Hannover Lehramt für die Grundschule mit den Fächern Mathematik, Sport und Sachunterricht. Sie absolvierte ihr Referendariat ebenfalls an einer hannoverschen Grundschule und arbeitet seitdem in Köln. Frau Benthues ist außerdem Kinderyogalehrerin, Glückslehrerin i. A. und gibt regelmäßig Glücksyogakurse für Kinder.

Wir verwenden in unseren Werken eine genderneutrale Sprache, damit sich alle gleichermaßen angesprochen fühlen. Wenn keine neutrale Formulierung möglich ist, nennen wir die weibliche und die männliche Form. In Fällen, in denen wir aufgrund einer besseren Lesbarkeit nur ein Geschlecht nennen können, achten wir darauf, den unterschiedlichen Geschlechtsidentitäten gleichermaßen gerecht zu werden.

1. Auflage 2024

AAP Lehrerwelt GmbH
Veritaskai 3
21079 Hamburg
Telefon: +49 (0) 40325083-040
E-Mail: info@lehrerwelt.de
Geschäftsführung: Andrea Fischer, Sandra Saghbazarian
USt-ID: DE 173 77 61 42
Register: AG Hamburg HRB/126335

Autorschaft:	Katharina Benthues
Covergestaltung:	TSA&B Werbeagentur GmbH, Hamburg
Coverfoto:	Happy girls and boys having fun together during birthday party with confetti © Photographee.eu via Adobe Stock (stock.adobe.com)
Illustrationen:	Bartosz Jung (farbige Hintergründe, Pikto Vogel), Katharina Reichert-Scarborough (Piktogramme: Lotusblume, Herz, Fernrohr)
Satz:	Satzpunkt Ursula Ewert GmbH, Bayreuth
Druck und Bindung:	Esser printSolutions GmbH, Bretten

ISBN/Bestellnummer: 978-3-403-21241-6
www.persen.de

Inhaltsverzeichnis

Vorwort 5
Methodische Hinweise 6

Ankommen

Guten Morgen 7
Meine Wolke 8
Ich atme mich glücklich 9
Jede Zelle meines Körpers ist glücklich 10
Frieden beginnt in mir 11
Wechselatmung 12
Eine Reise durch meinen Körper 13
Lasst uns ein Mantra sprechen 14
Lasst uns atmen 15
Wie lang ist eine Minute? 16
Sonne im Herzen 17
Was höre ich? 18
Ich stelle mir vor … 19
Lächeln und Ja 20
Ich schüttle meinen Körper wach 21
Marienkäfermassage 22
Am Strand 23
Bewegen macht glücklich 24
Atmen ist toll 25
Meine Herzensreise 26
Lachen ist so gesund 27
Mein Körper mag Berührungen 28
Eine kleine Körperreise 29
Ein Gong zum Entspannen 30

Nachdenken

Anderen helfen macht … 31
Was macht mich glücklich? 32

Inhaltsverzeichnis

Eine Geschichte über das Glück 33
Ich bin wichtig 34
Kann sich Glück verdoppeln? 35
Jemanden glücklich machen 36
Die Stärke meiner Gedanken 37
Der schönste Tag meines Lebens 38
Wie möchte ich heute sein? 39
Was ist wahres Glück? 40
Ich bin verliebt in das Leben 41
Was bringt mich zum Lächeln? 42
Mein Atem ist ein Wunder 43
Was ist eigentlich ein Mantra? 44
Musik macht glücklich 45

Positives Selbstbild

Eine Minute Lächeln 46
Warme Dusche 47
Mein Powerbild 48
Was sind eigentlich Affirmationen? 49
Ich bin dankbar 50
Ein Erfolg ist ein Erfolg ist ein Erfolg 51
Jaa, wir schaffen das 52
Wir alle sind perfekt 53
Bin ich glücklich? 54
Mein Krafttier 55
Ich bin stark 56

Geschichten

1 Ferien sind super UND Schule auch 57
2 STOPP! Wer mich ärgert, bestimme immer nur ICH! 60
3 Mein Glas ist halb voll 64
4 Du bist wunderschön 68

Vorwort

Auf den folgenden Seiten finden Sie eine große Variation an Achtsamkeitsübungen, wie Fantasiereisen, Atemübungen, Meditationen, Geschichten, Affirmationen, Körperreisen und vielen weiteren kindgerechten, kurzen Übungen für zwischendurch, die glücklich machen!

Mithilfe dieser *Glücksimpulse* werden die Kinder in wenigen Minuten dazu angehalten, zur Ruhe zu kommen, in sich zu gehen, sich ihrer selbst bewusst zu werden, über gezielte Fragen des Lebens nachzudenken und um- und weiterzudenken. Durch diese Ruheinseln sind die Kinder im Anschluss fokussierter und arbeiten wesentlich motivierter. Weiterhin werden ihr Selbstwertgefühl und ihr Selbstbild durch diese Übungen positiv beeinflusst.

Alle Übungen sind von mir in der Grundschule alltags- und sturmerprobt und ohne Aufwand oder Zusatzmaterial in allen vier Jahrgangsstufen direkt einsetzbar: zu Beginn der Stunde, als kurzer Impuls zwischendurch oder am Ende. So einfach. So schön. So effektiv. Eine schöne Möglichkeit, diese einzuleiten oder zu beenden, ist der Einsatz eines Gongs oder Klangstabes.

Mein großer Wunsch ist es, Sie zu inspirieren und den Kindern in dieser reizüberfluteten Welt viele besondere Momente der Ruhe und der Achtsamkeit zu ermöglichen. Lassen Sie uns die Magie der Stille wieder mehr in unsere Herzen bringen und den Fokus als Schatzsuchende auf die Stärken unserer Kinder legen.

Herzliche Grüße

Ihre Katharina Benthues

Methodische Hinweise

Entspannt im Moment

Die Idee des *Ankommens* umfasst einerseits das Ankommen am Morgen oder in der Stunde und das Ankommen bei sich selbst. Auch Übungen, die Entspannung hervorrufen, zählen in diese Kategorie. In einer Welt der Reizüberflutung fällt es Kindern zunehmend schwerer, sowohl sich selbst als auch ihre Umwelt achtsam wahrzunehmen. Dabei ist es gerade in der Kindheit entscheidend, möglichst viele Erfahrungen mit dem eigenen Körper zu sammeln und entspannt im Moment zu leben. Die folgenden Übungen bieten schöne und einfache Impulse, die Kinder leicht aufnehmen und umsetzen können.

Reflexion

Fast alle Übungen bieten am Ende mindestens eine Reflexionsfrage an. Jede Übung, die praktisch absolviert wird, wird dadurch intensiver verarbeitet und abgespeichert, wenn sie ebenfalls theoretisch durchdacht und konkret auf sich selbst bezogen wird. Aus diesem Grund ist die abschließende Fragestellung und das darauf bezogene Abschlussgespräch von großer Bedeutung und macht jede Übung erst wirklich erfolgreich.

Positives Selbstbild

Die Entwicklung eines positiven Selbstkonzepts oder Selbstbildes ist ein wichtiges Erziehungs- und Bildungsziel. Das Selbstbild bezieht sich auf das Wissen, das ein Mensch von sich selbst hat. Das heißt, welches Bild er von seinen Wahrnehmungen, Empfindungen und seiner Existenz aufbaut. Die Erfahrungen, die Kinder in der Grundschulzeit machen, sind sehr bedeutsam für ihre Identitätsentwicklung. Aus diesem Grund zielen viele Übungen der Glücksimpulse genau in diese Richtung.

Guten Morgen

Wir sitzen alle im Sitzkreis.

Wir fassen uns an den Händen.

Ein Kind beginnt und drückt vorsichtig
die Hand seines Nachbarkinds.

Der *Drücker* geht von Kind zu Kind,
bis dieser wieder beim ersten Kind angekommen ist.

Anschließend begrüßen wir uns:
Guten Morgen, alle zusammen!

Variation:
Wir haben die Augen geschlossen.

Meine Wolke

Schließe deine Augen.
Stelle dir nun einen wunderschönen, sonnigen Tag vor.
Einige Wolken bewegen sich am Himmel.
Suche dir deine eigene Wolke aus.
Beobachte sie nun ganz GENAU:

Wie ist ihre Form?

Wie ist ihre Größe?

Wie ist ihre Farbe?

Sieht sie aus wie ein Tier?

Bewegt sie sich?

Wie riecht sie?

Wie fühlt sie sich an?

Reflexion:
Wer möchte erzählen,
wie seine Wolke ausgesehen hat?

Ich atme mich glücklich

Lege deine rechte Hand auf dein Herz.
Lege deine linke Hand über die rechte Hand.
Atme ruhig ein und aus.
Wir zählen nun gemeinsam von 10 bis 0 rückwärts.
Wenn wir bei 0 angekommen sind, starten wir erneut bei 10 und immer so weiter.
Dabei atmen wir auf jede Zahl ein und wieder aus.
Schließe nun deine Augen. Ich beginne jetzt zu zählen:
10 – Wir atmen ein und wieder aus.
9 – Wir atmen ein und wieder aus.
…
0 – Wir atmen ein und wieder aus.
10 – Wir atmen ein und wieder aus.
9 – Wir atmen ein und wieder aus. …

Atme noch einmal in deinem eigenen Tempo ein und aus und öffne langsam wieder deine Augen.

Dauer: etwa 2–3 Minuten

Reflexion:
Wie fühlst du dich jetzt? Hat sich etwas verändert?

Jede Zelle meines Körpers ist glücklich

Schließe deine Augen.
Atme tief in deinen Bauch ein und aus.
Sprich die folgenden Sätze nach:

Jede Zelle meines Körpers ist glücklich.
Jede Körperzelle fühlt sich gut.

Diese beiden Sätze werden immer weiter gemeinsam laut wiederholt.

Öffne deine Augen.

Zeit: etwa 1 Minute

Reflexion:
Wie fühlst du dich jetzt?
Hat sich irgendetwas verändert?

Frieden beginnt in mir

Führe Daumen und Zeigefinger zusammen und sage:
Frieden.
Führe Daumen und Mittelfinger zusammen und sage:
beginnt.
Führe Daumen und Ringfinger zusammen und sage:
in.
Führe Daumen und kleinen Finger zusammen und sage:
mir.

Wir wiederholen diese Wort-Finger-Übung mehrmals gemeinsam laut.

Variation:
Überkreuze deine Hände vor der Brust.
Schließe deine Augen bei der Übung.

Reflexion:
Wie fühlst du dich nach dieser Übung?

Wechselatmung

(Diese Atemtechnik kann man gut vor einem Test machen oder einfach, um Körper und Geist ins Gleichgewicht zu bringen.)

Nimm deine rechte Hand und verschließe mit dem Ringfinger das linke Nasenloch.
Wir atmen ein 4, 3, 2, 1.
Nun verschließe mit dem Daumen zusätzlich das rechte Nasenloch.
Wir halten den Atem: 4, 3, 2, 1.
Nun wird das linke Nasenloch wieder geöffnet und wir atmen aus: 4, 3, 2, 1.
Nun atmen wir links ein: 4, 3, 2, 1.
Wir halten den Atem 4, 3, 2, 1
und atmen rechts aus 4, 3, 2, 1.
Diese Übung wird mehrmals wiederholt.

Reflexion:
Wie fühlst du dich jetzt?
Hat sich etwas verändert?

Eine Reise durch meinen Körper

Schließe deine Augen.
Atme ganz ruhig in deinen Bauch.
Deine Füße sind ganz entspannt.
Deine Beine sind ganz entspannt.
Auch dein Bauch ist ganz entspannt.
Deine Arme hängen ganz entspannt herunter.
Deine beiden Hände liegen ganz entspannt auf deinen Oberschenkeln.
Auch deine Schultern sind entspannt.
Dein Hals ist entspannt.
Deine Ohren, dein Mund, deine Augen, deine Nase, dein ganzer Kopf ist entspannt.
Dein gesamter Körper ist vollständig entspannt.

Reflexion:
Wie fühlst du dich jetzt?

Lasst uns ein Mantra sprechen

Ein Mantra ist ein Spruch, ein Wort oder eine Silbe. Mantras werden mehrmals wiederholt. Die vielen Wiederholungen spenden uns Energie und fördern unsere Konzentration.
Durch das Singen oder Sprechen von Mantras übst du, in Frieden, Ruhe und Gelassenheit mit dir selbst und anderen zu leben.
Sa bedeutet Unendlichkeit und *Har* ist die Kreativität der Erde:

Sa Re Sa Sa
Sa Re Sa Sa
Sa Re Sa Sa Sa Rung
(Hierbei kann man die Hände vor dem Körper kreuzen.)
Har Re Har Har
Har Re Har Har
Har Re Har Har Rung
(Hierbei kann man die Hände senkrecht zum Boden abwechselnd übereinanderwischen.)

Reflexion:
Wie fühlst du dich jetzt?

Lasst uns atmen

Schließe deine Augen.
Lege eine Hand auf deinen Bauch und eine Hand auf deine Brust.
Atme ganz ruhig weiter.
Konzentriere dich auf deinen Atem.
Wie ist der Weg deines Atems?
Wo beginnt er?
Wo endet er?
Welche Hand bewegt sich mehr?
Atmest du eher in deinen Bauch
oder eher in deine Brust?
Achte einmal ganz genau darauf,
wo dein Atem langfließt.

Zeit: etwa 1–2 Minuten

Reflexion:
Was hast du beobachtet?
Wo fließt dein Atem lang?

Wie lang ist eine Minute?

Schließe deine Augen.
Versuche gleich einmal zu schätzen, wie lang eine Minute ist.
Ich werde die Zeit stoppen.
Wenn du glaubst, dass die Minute um ist, hebe deinen Finger.
Lasse deine Augen aber weiterhin geschlossen.
Wir beginnen jetzt …

Reflexion:
War es einfach, eine Minute zu schätzen?
Fühlte sich die Minute lang oder kurz an?

Sonne im Herzen

Schließe deine Augen.
Stelle dir nun vor, dass du einen kleinen, wunderschönen, strahlenden Lichtball in deinem Herzen hast.
Dieser Lichtball ist warm und leuchtet golden.
Er wird langsam immer größer und strahlt von deinem Herzen in deinen gesamten Körper.
Überall spürst du nun eine wohlige Wärme und ein angenehmes Kribbeln.
Die goldenen Strahlen leuchten aus deinem Körper heraus in den Raum, in dem du dich befindest. In dir und um dich herum strahlt nun dieser goldene, warme, wunderschöne Lichtball.
Wie fühlt sich diese Wärme an?
Pause
Öffne nun langsam wieder deine Augen.

Reflexion:
Was hast du während dieser Reise gefühlt?

Was höre ich?

Schließe deine Augen.
Atme tief in deinen Bauch ein und wieder aus.
Versuche, dich nun ganz auf deine Ohren
zu konzentrieren.
Was kannst du alles hören?
Welche Geräusche?
Ganz leise oder laute Geräusche?
Versuche, dir alles genau zu merken,
was du hören kannst.
Du hast dafür eine Minute Zeit.

Reflexion:
Was hast du alles gehört?

Ich stelle mir vor ...

Schließe deine Augen.
Werde ganz ruhig und atme tief in deinen Bauch.
Stelle dir nun vor, du gehst an einem wunderschönen Strand spazieren.
Die Sonne scheint warm auf dein Gesicht und du fühlst dich ganz glücklich.
Plötzlich schimmert am Boden eine ganz besondere Muschel.
Du hebst sie auf und hältst sie ganz behutsam wie einen Schatz in deiner Hand. Du betrachtest sie von allen Seiten ganz genau. Wie sieht sie aus? Welche Form hat sie? Welche Farben hat deine Muschel?
Pause
Du riechst an ihr und saugst ihren besonderen Meeresduft auf.
Du hältst sie an dein Ohr und freust dich über das wunderbare Geräusch, dass du hören kannst.
Du packst deine Muschel vorsichtig in deine Tasche.
Es ist deine einzigartige Glücksmuschel.
Öffne langsam wieder deine Augen.

Reflexion:
Wer möchte erzählen, wie seine Glücksmuschel aussah?

Lächeln und Ja

Wir machen gleich eine Übung, bei der ihr durch den Raum gehen werdet.
Bei dieser Übung wird weder gesprochen noch gerannt.
Wir gehen und schweigen.
Ich teile euch dafür in zwei Gruppen ein:
Die erste Gruppe geht im Raum umher und lächelt dabei jedes andere Kind nett an.
Die zweite Gruppe geht ebenfalls im Raum umher und sagt dabei ganz im Stillen zu sich selbst: *Ja, ja, ja, …*
Diese Übung dauert zwei Minuten.
Wir beginnen jetzt.

Reflexion:
Wie war diese Übung für dich?
Ist dir etwas aufgefallen?
Fühlst du dich jetzt anders?

Ich schüttle meinen Körper wach

Wir stehen alle auf.
Wir wollen unseren Körper mal so richtig aufwecken und dabei ausschütteln.
Ich werde dazu gleich immer von zehn bis null runterzählen.
Wir beginnen mit unserem rechten Arm über dem Kopf, danach kommt der linke Arm, dann das rechte Bein und zum Schluss das linke Bein.
In der ersten Runde zähle ich von zehn bis null.
In der zweiten Runde von neun bis null, danach von acht bis null usw. Ich zähle ziemlich schnell und wir schütteln uns dadurch auch sehr schnell.
Es geht los …

Reflexion:
Wie fühlst du dich jetzt?

Marienkäfermassage

Wir sitzen im Sitzkreis auf dem Boden.
Dabei gucken wir alle in eine Richtung.
Es ist wichtig, dass wir den Rücken der Person vor uns berühren können. Wir wollen gleich mit einer kurzen Massage beginnen,
einer Marienkäfermassage.
Wir nehmen dazu unsere Fingerspitzen und tippeln über den Rücken der Person vor uns. So als ob ganz viele kleine Marienkäfer auf dem Rücken zu spüren sind.
Die Massage soll ganz leicht,
vorsichtig und liebevoll sein.
Falls es kitzelt, dann teilt es eurem Masseur / eurer Masseurin leise mit, damit er/sie etwas kräftiger aufdrückt.
Nach etwa einer Minute drehen wir uns alle um und dürfen eine weitere wunderschöne Massage erleben.
Vielleicht möchtet ihr eine schöne Musik dabei hören oder vielleicht habt ihr es lieber, wenn es ruhig ist.
Ihr entscheidet.
Während der Massage ist es ganz leise, damit ihr euch gut entspannen könnt. Viel Spaß dabei!

Reflexion:
Wie war diese Massage für dich?
Wie fühlst du dich jetzt?

Ankommen

Am Strand

Schließe deine Augen.
Stelle dir nun vor, dass du an einem richtig schönen Strand sitzt.
Vor dir ist das Meer, über dir der blaue Himmel.
Überall ist Sand: wunderschöner, weißer, weicher Sand.
Du kannst den Sand fühlen.
Diese ganz vielen kleinen Sandkörnchen unter deinen Händen, unter deinen Füßen, überall.
Stelle dir einmal vor, wie du mit deinen Händen durch den Sand streichst. Du kannst die Körnchen so richtig spüren.
Auf einmal siehst du auch Muscheln. Ganz viele traumhaft schöne Muscheln.
Jede sieht ganz anders aus und hat eine andere Form und andere Farben.
Du streichst mit deinen Fingern durch den weichen Sand mit den Muscheln. Das fühlt sich so gut an. Über dir fliegen Möwen.
Du kannst sie sogar hören. Horch mal genau hin.
Und jetzt kannst du auch die Wellen hören. Wie sie kommen und wieder gehen. Das ist so schön … Sie kommen und gehen wieder. Wie dein Atem. Lege einmal deine Hände auf dein Herz und atme tief in deine Hände hinein.
Pause
Öffne nun langsam wieder deine Augen.
Willkommen zurück.

Reflexion:
Möchtest du von deinem Ausflug zum Strand erzählen?

Bewegen macht glücklich

Unser Körper liebt es, wenn wir ihn bewegen.
Ganz egal welche Art von Bewegung.
Er liebt es, zu tanzen, zu hüpfen, sich zu drehen, zu springen, sich zu schütteln usw.

Es gibt ein tolles Lied, das heißt *Happy*, also *glücklich* auf Deutsch.
Wenn du dieses Lied hörst, bist du automatisch glücklich, möchtest du dich bewegen und laut mitsingen.
Wir hören nun dieses oder ein anderes schwungvolles, positives Lied. Lass deinen Körper entscheiden, wie er sich zu der Musik bewegen möchte. Du darfst auch gerne die Augen dabei schließen.
Dann bist du ganz bei dir und fühlst dich frei und sicher. Entscheide du allein. Viel Spaß bei deiner Bewegungszeit. Genieße sie.

Reflexion:
Wie war diese Zeit für dich?
Wie fühlt sich dein Körper jetzt an?
Hat sich etwas verändert?

Atmen ist toll

Wir bringen unsere Hände vor dem Brustbein zusammen. Diese Haltung heißt im Yoga *Anjali Mudra* und symbolisiert die geschlossene Lotusblüte. Mit jedem Einatmen öffnen wir die Hände zu einer Art Kelch, der geöffneten Lotusblume. Mit dem Ausatmen schließen wir die Hände wieder.
Wir atmen gleich auf vier Zeiten ein und auf vier Zeiten wieder aus.
Schließe nun deine Augen und halte deine Hände im Anjali Mudra. Atme noch einmal ruhig ein und aus.
Wir beginnen gemeinsam einzuatmen: 4, 3, 2, 1.
Wir atmen aus auf 4, 3, 2, 1.
Achte auf deine Hände.
Wir atmen wieder ein: 4, 3, 2, 1
und wieder aus: 4, 3, 2, 1.

Zeit: etwa 1–2 Minuten

Reflexion:
Wie fühlst du dich jetzt?

Meine Herzensreise

Schließe deine Augen.
Atme tief in deinen Bauch, so als ob du einen Luftballon aufpusten möchtest.
Jetzt stelle dir einmal vor, du setzt dich in ein klitzekleines Raumschiff. So kannst du durch deinen Mund in deinen Körper fliegen.
Mit deinen Strahlern kannst du dich dort gut umsehen.
Auf einmal entdeckst du ein großes Herz.
Es ist dein Herz. Babam, babam schlägt es.
Du schaust es dir von allen Seiten ganz genau an.
Und jedes Mal, wenn du einatmest, fängt dein Herz ein kleines bisschen an zu leuchten und wird ganz warm. Und wenn du dann wieder ausatmest, bleibt es so hell.
Bei jeder Einatmung leuchtet es heller, wie eine kleine Sonne, die in dir wohnt. Alles hier an diesem Ort ist aus Liebe gemacht und es steckt alles in dir drin. Falls du mal traurig bist oder wütend, wenn du mal enttäuscht bist oder frustriert, dann warst du einfach zu lange nicht mehr in deinem Herzen. Deswegen verrate ich dir jetzt ein Geheimnis: Nur du allein kennst den Weg zu deinem Herzen und kannst jederzeit hierher zurückkommen und all die Liebe tanken, die du brauchst. Du atmest noch einmal tief ein und spürst, wie dabei alles noch mehr glitzert und strahlt. Wie gut, dass du diesen Ort nun kennst. Immer wenn du deine Augen schließt und ganz bewusst atmest, bist du deinem Herzen ganz nah.
Atme noch einmal tief ein und aus und öffne ganz langsam wieder deine Augen.

Reflexion:
Wie fühlst du dich jetzt?
Wie war diese Reise in dein Herz für dich?

Lachen ist so gesund

Langes, intensives Lachen aktiviert viele Prozesse in uns, die sich positiv auf deinen Körper und deinen Geist auswirken.
Also ist Lachen doch einfach die allerbeste Medizin.
Lasst uns gemeinsam lachen.
Lasst uns gemeinsam Witze erzählen. Habt ihr Lust?

1. Zwei Schnecken stehen an einer Straßenkreuzung. Die eine möchte die Straße überqueren, da sagt die andere: „Vorsicht! In zwei Stunden kommt der Bus."

2. Die Mutter sagt: „Pia, möchtest du lieber ein Brüderchen oder ein Schwesterchen?" Pia: „Och, wenn es nicht zu schwer für dich ist, Mutti, möchte ich am allerliebsten ein Pony."

3. Wie nennst du einen Affen mit einer Banane in jedem Ohr? Ganz egal, wie du ihn nennst, er kann dich eh nicht hören.

Wer möchte noch einen Witz erzählen?

Reflexion:
Wie fühlst du dich jetzt?

Mein Körper mag Berührungen

Unser Körper liebt Berührungen wie Umarmungen, Streicheln und Massagen. Wenn du einmal niemanden hast, der Zeit hat, dich zu massieren, dann kannst du dies wunderbar allein machen.
Lasst uns unseren Körper gemeinsam massieren.
Wir beginnen bei den Unterschenkeln.
Wir kreisen mit unseren Händen zehn Mal liebevoll auf unseren Unterschenkeln.
Du entscheidest, wie kräftig der Druck ist.
Ändere gern nach fünf Mal die Richtung.
Als Nächstes kommen die Oberschenkel an die Reihe: immer zehn Mal.
Jetzt ist der Bauch dran und freut sich über deine Streicheleinheiten.
Nun massieren wir den Bereich unter unserem Hals.
Wir machen mit dem rechten Arm weiter und schließlich mit dem linken Arm.
Beide freuen sich ebenfalls über deine Berührungen.
Auch der Hals und als Letztes der Kopf freuen sich über eine sanfte Massage von dir.

Reflexion:
Schließe nun einmal deine Augen und spüre nach:
Wie fühlt sich dein Körper nach dieser Massage?

Eine kleine Körperreise

Setze dich ganz bequem hin und schließe deine Augen.
Atme einige Male tief ein und aus.
Ausatmen bedeutet loslassen, Spannungen abgeben und entspannen.
Ich lade dich jetzt ein, eine kleine Reise durch deinen Körper zu machen: Stelle dir vor, du hast eine Kamera. Du schaust durch diese Kamera auf deinen Körper. Beginne bei deinem Gesicht. Schaue durch die Kamera auf deine Augen. Sie dürfen sich jetzt ausruhen, deine Wangen dürfen sich entspannen. Lass deine Lippen weich werden und lächle entspannt in die Kamera. Ausatmen und loslassen.
Mit deiner Kamera reist du nun weiter und schaust auf deine Stirn, deinen Kopf, deinen Hals, deine Schultern. Alle Muskeln dürfen sich jetzt entspannen. Du merkst, wie sie locker werden.
Bei jeder Ausatmung kannst du mehr loslassen und tiefer entspannen.
Unsere Reise geht weiter zu deinem Rücken. Auch er darf sich entspannen und runder werden.
Nun schaust du durch deine Kamera auf deine Arme, deine Hände und deine Finger. Sie dürfen sich ebenfalls vollständig entspannen.
Du schaust weiter auf deinen Bauch. Er darf ganz weich werden.
Ausatmen und loslassen.
Nun schaust du weiter auf deine Beine, deine Füße, deine Zehen.
Auch sie dürfen sich entspannen.
Dein ganzer Körper darf sich entspannen und ausruhen.
Nun sagst du zu dir im Stillen: *Ich bin vollkommen entspannt. Ich fühle mich richtig wohl.*
Öffne nun langsam wieder deine Augen.

Reflexion: Wie fühlst du dich jetzt?

Ein Gong zum Entspannen

Durch den warmen Ton einer Klangschale finden Menschen schnell zur inneren Ruhe.
Diese Empfindungen führen zur Entspannung und Ausgeglichenheit.
Ich werde gleich einmal die Klangschale anschlagen und sie an mein Nachbarkind weitergeben, sobald der Ton verklungen ist.
Das Nachbarkind gibt die Schale nach dem Anschlagen an sein Nachbarkind weiter usw.
Ganz zum Schluss kommt die Klangschale wieder bei mir an. Während dieser Übung wird nicht gesprochen. Jeder und jede von uns versucht, ganz entspannt zu atmen und den Klängen der Schale zu lauschen.
Ich wünsche euch eine schöne Entspannung.

Reflexion:
Wie fühlst du dich nach dieser Übung?

Anderen helfen macht …

Hast du schon einmal jemandem geholfen?
Vielleicht sogar einem ganz fremden Menschen?
Kannst du dich noch daran erinnern, wie du dich danach gefühlt hast?

Tagesaufgabe:
Biete heute mindestens einem Menschen deine Hilfe an. Vielleicht auch zwei oder drei Menschen.
Halte die Augen offen und sobald du siehst, dass jemand deine Hilfe benötigt, bist du da, um zu helfen.

Spüre anschließend, wie du dich fühlst.

Reflexion:
Reflexionsgespräch am kommenden Tag

Was macht mich glücklich?

Schließe deine Augen.
Stelle dir die folgenden Fragen:

Was macht mich glücklich?
Wann bin ich glücklich?
Welche Menschen machen mich glücklich?
An welchen Orten bin ich glücklich?

Zeit: etwa 1 Minute

Reflexion:
Wer möchte seine Gedanken gerne teilen?

Nachdenken

Eine Geschichte über das Glück

Eine Lehrerin brachte Luftballons in die Schule mit und forderte die Schülerinnen und Schüler auf, sie aufzupusten und ihren Namen darauf zu schreiben. Nachdem die Kinder die beschrifteten Luftballons in die Turnhalle geworfen hatten, mischte sie die Lehrerin.

Die Kinder hatten nun fünf Minuten Zeit, um den eigenen Ballon zu finden. Obwohl sie eilig suchten, fand kaum jemand den Luftballon mit seinem Namen. Dann forderte die Lehrerin sie auf, den Ballon in ihrer Nähe zu nehmen und ihm das Kind zu geben, dessen Name darauf stand.

In weniger als zwei Minuten hielten alle Kinder ihren eigenen Ballon in den Händen. Daraufhin sagte die Lehrerin zu den Kindern:

Diese Luftballons sind wie das Glück. Wir werden es nie finden, wenn wir nur nach unserem eigenen suchen. Aber wenn wir uns um das Glück anderer Menschen kümmern, werden wir auch unser eigenes Glück finden.

Reflexion:

Was bedeutet der Satz der Lehrerin?

Nachdenken

Ich bin wichtig

Nach einem starken Sturm und Unwetter lagen am Strand unzählige Seesterne, die von der Strömung an den Strand gespült wurden. Ein kleiner Junge lief am Strand entlang, nahm behutsam Seestern für Seestern in die Hand und warf sie zurück ins Meer.
Da kam ein Mann vorbei und sagte zu dem Jungen:
„Es ist vollkommen sinnlos, was du da machst.
Siehst du denn nicht, dass der ganze Strand voll von Seesternen ist?
Was du da tust, ändert nicht das Geringste!“
Der Junge schaute den Mann an,
dann ging er zu dem nächsten Seestern, hob ihn behutsam auf und warf ihn zurück ins Meer.
Zu dem Mann sagte er:
„Für IHN wird es etwas ändern.“

Reflexion:
Was meint der Junge mit diesem Satz?

Nachdenken

Kann sich Glück verdoppeln?

Schließe deine Augen.
Es gibt einen Satz, der heißt:

Glück verdoppelt sich, wenn man es teilt.

Wenn man Glück mit anderen Menschen teilt, wird es also mehr.

Was bedeutet dieser Satz für dich?
Warum wird Glück mehr, wenn man es mit anderen teilt?
Denk einmal darüber nach.

Reflexion:
Wer möchte seine Gedanken dazu mitteilen?

Jemanden glücklich machen

Schließe deine Augen.
Stelle dir nun vor, deine Freundin oder dein Freund ist ganz unglücklich und traurig.
Was könntest du sagen oder machen, damit er oder sie wieder lächelt und glücklich ist?
Überlege dabei auch, was dich in einer solchen Situation wieder glücklich machen würde?

Reflexion:
Wer möchte seine Ideen mitteilen?

Nachdenken

Die Stärke meiner Gedanken

Schließe deine Augen.
Was ist dein Lieblingsgericht?
Stelle es dir ganz genau vor.
Wie sieht es aus?
Welche Farben hat es?
Stelle dir nun in Gedanken vor, wie du an deinem Lieblingsgericht riechst.
Wie riecht es genau?
Stelle dir nun weiter vor, wie du einen großen Bissen davon probierst.
Mmh …
Wie schmeckt es?
Ist es warm, kalt, süß?
Spürst du, wie dir allmählich das Wasser im Mund zusammenläuft?
Und das nur, weil du an dein Lieblingsessen denkst.
Öffne nun langsam wieder deine Augen.

Es ist wichtig zu verstehen, dass unsere Gedanken eine große Macht haben. Allerdings sind wir die Pilotin oder der Pilot unserer Gedanken und können sie steuern und lenken.

Reflexion:
Wann hast du einmal deine Gedanken bewusst verändert oder gesteuert?

Der schönste Tag meines Lebens

Schließe deine Augen.
Atme dreimal tief ein und aus.
Pause
Sehr gut!
Stelle dir einmal vor, du darfst ganz allein entscheiden, was du heute machen möchtest. Alles ist möglich. Du bist der Bestimmer oder die Bestimmerin und deiner Fantasie sind keine Grenzen gesetzt.
Wie sieht dein absolut schönster Tag aus?
Was möchtest du machen?
Wo möchtest du sein?
Mit wem möchtest du etwas unternehmen?
Überlege dir alles ganz in Ruhe.
Du bist der Chef oder die Chefin dieses Tages und darfst alles entscheiden.
Wirklich alles ist möglich!
Es ist DEIN Tag.
Pause

Reflexion:
Erzähl doch mal, wie dein absoluter Lieblingstag aussieht.

Nachdenken

Wie möchte ich heute sein?

Schließe deine Augen.
Lege beide Hände auf dein Herz.
Atme ganz ruhig in deine Hände hinein.
Stelle dir nun die folgende Frage:

Wie möchte ich heute sein?

Vielleicht möchte ich heute hilfsbereit, freundlich, nett, lustig, glücklich, beliebt, dankbar, ehrlich, fleißig, friedlich, großzügig, geschickt, höflich, liebenswert, mutig oder wunderbar sein?
Überlege dir ganz allein für dich, wie du heute sein möchtest. Nicht wie du sein sollst, sondern wie du sein möchtest. Du hast nun Zeit, ganz in Ruhe darüber nachzudenken.

Reflexion:
Wer möchte seine Gedanken mit uns teilen?

Nachdenken

Was ist wahres Glück?

Schließe deine Augen.
Stelle dir vor, du stehst auf einer wunderschönen Wiese und vor dir ragt ein riesiger Baum in den Himmel.
Es ist ein Wunschbaum.
Ein Wunschbaum, der wirklich JEDEN Wunsch erfüllt.
Egal ob ein neues Lego-Set, ein echtes Pony, ein sprechender Affe, ein eigenes Riesenrad oder ein Sack voller Gummibärchen.
Überlege dir einmal, was du dir wünschen würdest.
Pause
Doch was wäre, wenn du plötzlich bemerkst, dass dich alle diese Wünsche gar nicht glücklich machen?
Wenn du feststellen würdest, dass Wünsche sogar nach einiger Zeit langweilig werden?
Halte einmal beide Hände auf dein Herz und überlege, was wahres Glück für dich ist.
Wo könnte dieses Glück entstehen?
Auf einem Wunschbaum oder gibt es einen anderen Ort für unser eigenes Glück?
Öffne langsam wieder deine Augen.

Reflexion:
Was ist dein größter Wunsch?
Was bedeutet *wahres Glück* für dich?

Ich bin verliebt in das Leben

Schließe deine Augen und werde ganz ruhig.
Stell dir einmal vor, du blickst noch vor dem Sonnenaufgang in einen ganz wundervollen, klaren Sternenhimmel.
Auch der Mond schimmert klar und hell auf dich hinunter. Nur du und der Himmel. Atemberaubend!
In diesem Moment darfst du dir bewusst machen, wie wunderschön unsere Welt ist. Deine Welt.
Es gibt so viel Schönes auf dieser Welt. Du darfst dich nur immer wieder daran erinnern und jeden schönen Moment sehen und festhalten. Erinnerst du dich an etwas in der Natur, dass dich erstaunt, berührt oder fasziniert hat? Vielleicht ein besonderes Tier, eine wunderschöne Blumenwiese, ein traumhafter Sonnenuntergang oder eine einzigartige Muschel?
Überlege einmal in Ruhe.

Reflexion:
An was hast du dich erinnert?
Bist du auch in das Leben verliebt?

Was bringt mich zum Lächeln?

Schließe deine Augen.
Atme tief ein und wieder aus.
Werde ganz ruhig.
Überlege einmal, was dir sofort ein Lächeln ins Gesicht zaubert.
Gibt es ein besonderes Ereignis, das dich sofort lächeln lässt?
Oder gibt es einen Menschen, der dich immer wieder zum Lachen bringen kann?
Vielleicht hast du auch ein besonderes Spielzeug oder ein Hobby, das dich sofort zum Lächeln bringt.
Überlege einmal in Ruhe, was dich ganz schnell zum Lachen bringen kann.
Pause

Reflexion:
Wer möchte seine Erfahrungen erzählen?

Nachdenken

Mein Atem ist ein Wunder

Schließe deine Augen und setze dich ganz bequem hin. Nimm einmal deinen Finger und lege ihn auf deine Nasenspitze. Und jetzt spüre mal, wie du genau an diesem Punkt einatmest und wieder ausatmest. Spüre einfach mal hin. Merkst du, dass dein Körper das ganz von allein macht? Das ist wirklich ein großes Wunder.
Und weißt du was? Das macht dein Körper schon, seitdem du hier auf der Welt bist. Er atmet ein und er atmet wieder aus.
Und weißt du, was richtig toll ist? Du kannst sogar selbst über deine Atmung bestimmen. Du kannst zum Beispiel richtig TIEF einatmen. Probiere mal: Atme tief ein uuund wieder aus. Oder auch ganz LEICHT: ein und wieder aus. Du spürst, dass dein Körper ganz unterschiedlich auf diese Atmung reagiert. Jetzt kannst du den Finger wieder runternehmen. Und du wirst sehen, dass du in den nächsten Momenten vergessen wirst, dass du weitergeatmet hast und dein Körper das von ganz allein macht. Und während du hier so sitzt, merkst du, dass dein Körper sich immer mehr ausruhen kann. Und das tut ihm so richtig gut. Er mag es total gern, für dich durch diese Welt zu laufen, zu hüpfen, zu rennen und zu springen. Aber er mag es auch richtig gern, sich mal hinzusetzen und sich auszuruhen. Und während wir hier mit geschlossenen Augen sitzen und bewusst atmen, kommt dein Körper immer mehr zur Ruhe. Es geht ihm richtig gut und er fühlt sich pudelwohl und glücklich. Atme noch einmal tief in den Bauch ein und wieder aus und öffne ganz langsam deine Augen.

Pause

Reflexion:
Wie fühlst du dich jetzt?

Nachdenken

Was ist eigentlich ein Mantra?

Ein Mantra kommt aus Indien und bezeichnet ein heiliges Wort oder einen heiligen Vers. Es wird in einer alten Sprache gesprochen, die Sanskrit heißt. Schließe einmal deine Augen. Atme ruhig ein und wieder aus. Sprich mir das folgende Mantra nach.

Lokah Samastah Sukhino Bhavantu.

(Dieses Mantra wird etwa ein bis zwei Minuten wiederholt.)
Pause

Das Mantra bedeutet: Mögen alle Lebewesen frei und glücklich sein.

Denk einmal über diesen Satz nach.
Was bedeutet er für dich?
Pause
Öffne langsam wieder deine Augen.

Reflexion:
Wie fühlst du dich jetzt?
Wer möchte etwas zu diesem Mantra sagen?

Musik macht glücklich

Musik hat einen Einfluss auf zahlreiche Vorgänge in unserem Körper.
So kann Musik beflügeln, glücklich stimmen, beruhigen, entspannen, Erinnerungen wachrufen und sogar Schmerzen lindern.
Kurz gesagt: Musik macht uns glücklich.
Schließe einmal deine Augen. Lege beide Hände auf dein Herz.
Ich werde gleich eine entspannende, ruhige Musik anmachen.
Höre einmal ganz genau hin. Achte auf den Rhythmus, auf die einzelnen Klänge, auf die Instrumente, auf die Stimmung der Musik.
Wie fühlst du dich, wenn du der Musik lauschst?

Musikvorschläge:
Yiruma: *River Flows In You*
Einodi: *Nuovole Bianche*
Noel.smt: *Falling Apart X I Wanted to Leave*
Martin Herzberg: *The Grand Lullaby*

Reflexion:
Was hast du beim Hören der Musik gefühlt?

Eine Minute lächeln

Kinder lachen rund 400-mal am Tag,
Erwachsene etwa 15-mal täglich.
Lachen ist so gesund.
Sogar ein *falsches* Lachen löst Glücksgefühle in unserem Körper aus.
Also, Stoppuhr an und los geht's:
Lasst uns eine Minute gemeinsam lächeln.
Wenn die Gesichtsmuskeln zu schmerzen beginnen, heißt es: Noch mehr lächeln!

Reflexion:
Wie fühlst du dich jetzt?
Hat sich etwas verändert?

Warme Dusche

Wir sitzen im Kreis.
Ein Kind wird ausgewählt.
(Vielleicht ein Kind, das an diesem
Tag etwas traurig ist.)
Nun überlegt jede/jeder,
was ihr/ihm an diesem Kind gefällt,
was dieses Kind gut kann,
was dieses Kind für gute Eigenschaften hat,
was das Besondere an diesem Kind ist.

Wir sammeln ganz viele positive Dinge
und machen so viele Komplimente,
wie möglich.

Reflexion:
Wie hat es sich angefühlt,
Komplimente zu bekommen / zu geben?

Positives Selbstbild

Mein Powerbild

Wir sitzen im Kreis.
Schließe deine Augen.
Stelle dir nun einen Ort vor, den du sehr liebst.
Das kann ein Ort aus dem Urlaub sein, am Strand,
in den Bergen, im Wald, zu Hause in deinem Zimmer,
im Garten …
Es darf auch ein Fantasieort sein, den es gar nicht
wirklich gibt.
Es sollte ein Ort sein, an dem du dich ganz geborgen,
sicher und glücklich fühlst.
Wie sieht dein ganz besonderer Ort aus?
Pause
Wenn du an diesen Ort denkst, bekommst du ein
Gefühl von innerer Stärke und Sicherheit?
Dieses Bild von deinem eigenen Kraftort ist ab sofort
dein eigenes, neues Powerbild.
Immer wenn du dich einmal traurig oder unsicher
fühlst, denkst du ab sofort an dein Powerbild.
Dieses Bild gibt dir sofort neue Kraft und neue Stärke
und du wirst dich ganz schnell besser fühlen.

Reflexion:
Möchte jemand erzählen,
wie sein Powerort aussieht?

Was sind eigentlich Affirmationen?

Affirmationen sind kurze, positive Sätze.
Das, was man denken oder erreichen möchte,
kann man mithilfe einer Affirmation in Worte fassen.

Schließe deine Augen.
Sprich mir folgende Sätze nach:

Ich bin wertvoll.
Ich bin perfekt, so wie ich bin.
Ich kann alles erreichen, was ich will.
Ich bin ein Wunder.
(Die Sätze werden mehrmals wiederholt.)

Reflexion:
Wie fühlst du dich jetzt?
Hat sich etwas verändert?
Wer möchte eine eigene Affirmation formulieren?

Ich bin dankbar

Schließe deine Augen. Sprich mir einmal nach:

Danke, dass ich lebe und auf dieser Welt bin.
Danke, dass ich immer genug zu essen habe.
Danke, dass ich Eltern habe, die für mich da sind.
Danke, dass ich einen Körper habe, der ganz viel für mich leistet.

Diese Sätze werden mehrmals laut vorgesprochen und von der Gruppe nachgesprochen.

Reflexion:
Wie fühlst du dich jetzt?
Wofür bist du noch dankbar?

Ein Erfolg ist ein Erfolg ist ein Erfolg

Schließe deine Augen.
Atme tief ein und aus.
Denk einmal darüber nach, was dir in letzter Zeit gut gelungen ist.
Was hast du geschafft?
Was hat gut geklappt?
Vielleicht waren das kleine Dinge, die du gut gemeistert hast oder vielleicht war es etwas Großes, sehr Schwieriges, was dir gelungen ist.
Versuche, dich ganz bewusst an ein solches Ereignis zu erinnern:
Ein kleines Erfolgserlebnis, ein großes Erfolgserlebnis.
Vielleicht hat es erst vor Kurzem stattgefunden, vielleicht liegt es auch schon längere Zeit zurück – ganz egal.
Denk einmal in Ruhe darüber nach.
Tauche ein in die Erinnerung an dein Erlebnis.
Pause
Was kannst du spüren?
Vielleicht angenehme Gefühle oder Empfindungen?
Freude? Stolz? Dankbarkeit?
Pause

Reflexion:
Wer möchte von seinem Erfolg berichten?

Jaa, wir schaffen das

Wir sitzen im Sitzkreis.
Ich habe eine kleine Schale mit einem angezündeten Teelicht in der Hand.
Gleich gebe ich diese Schale meinem Nachbarkind in die Hand. Dieses gibt die Schale dann seinem Nachbarkind usw., bis die Schale wieder bei mir angekommen ist.
Bei dieser Runde wird nicht gesprochen.
Es ist ganz still.
Die Herausforderung ist, dass die Schale so vorsichtig reihum gegeben wird, dass die Kerze angezündet bleibt.
Schaffen wir das? Jaa, wir schaffen das
Na klar!

Reflexion:
Wie war diese Übung für dich?
Was war schwierig?

Wir alle sind perfekt

Schließe deine Augen.
Atme dreimal tief in deinen Bauch. Sehr gut.
Stelle dir vor, es gibt eine Tierspringolympiade.
Der kleine Fisch schaut traurig zu, wie das Känguru auf dem Siegerpodest steht und sich über die Goldmedaille freut.
Doch was ist, wenn es gar nicht schlimm ist, dass der kleine Fisch nicht springen kann?
Was, wenn jedes Tier seine eigene Superkraft hat?
Der kleine Fisch ist ein super Schwimmer.
Das Känguru ist ein super Springer.
Der Affe ist ein super Kletterer.
Wir alle haben unsere eigenen Superkräfte.
Jeder Mensch hat seine eigene.
Denn jeder Mensch ist einzigartig
und ganz besonders.
Vergiss das nie.
Überlege einmal in Ruhe, was deine Superkraft ist.
Was kannst du besonders gut?
Was ist das Besondere an dir?

Reflexion:
Wer möchte von seiner Superkraft erzählen?

Bin ich glücklich?

Schließe einmal deine Augen.
Wie schön, dass du hier bist.
Wie schön, dass du am Leben bist.
Wie schön, dass du ein Teil dieses Universums bist.

Sage dir nun in den nächsten Minuten ganz im Stillen:
Ich bin glücklich.
Mir geht's gut.
Wiederhole diese beiden Sätze immer wieder.
Lächle dabei in deinen Körper hinein.
Ich bin glücklich.
Mir geht's gut.
Lächle dabei immer weiter.
Ich bin glücklich.
Mir geht's gut.
Und lächeln.
…
Öffne nun ganz langsam deine Augen.

Reflexion:
Wie fühlst du dich?
Was hat sich verändert?

Mein Krafttier

Setze dich ganz bequem hin. Schließe deine Augen.
Stell dir einmal vor, du bist in einem
wunderschönen Zauberwald.
Schau dich genau um. Was kannst du alles sehen?
Vielleicht entdeckst du riesige Bäume,
die in den Himmel ragen?
Neugierig beginnst du, diesen interessanten Ort zu erkunden.
Auf einmal siehst du einen größeren
Schatten hinter einem Baum.
Der Schatten bewegt sich ganz langsam auf dich zu und
plötzlich steht ein ganz besonderes, friedliches Tier vor dir.
Es schaut dich mit großen, sanften Augen an und nähert sich
dir ganz zutraulich.
Dies ist kein normales Tier. Es ist mit ganz besonderen
Kräften und Fähigkeiten ausgestattet.
Hallo, ich bin ein machtvolles Krafttier. DEIN Krafttier!
Nur du kannst mich sehen und verstehen. Für alle anderen
bin ich unsichtbar. Von nun an werde ich immer für dich da
sein.
Ich werde dich begleiten und schützend an deiner Seite
stehen, wenn du mich brauchst.
Wenn du einmal traurig oder unsicher bist, denke nun immer
an dein eigenes Krafttier. Es ist immer für dich da.
Öffne nun langsam deine Augen.

Reflexion:
Möchte jemand von seinem Krafttier berichten?

Ich bin stark

Stell dich einmal hin. Deine Füße stehen etwas auseinander, sodass du einen richtig stabilen und sicheren Stand hast.
Wenn du magst, kannst du deine Augen dabei schließen.
Vielleicht suchst du dir auch einen festen Punkt vor dir auf dem Boden.
Stell dir nun vor, du bist ein riesengroßer Baum. Seine Baumkrone reicht weit in den Himmel. Ein sanfter Wind weht durch seine unzähligen Äste und Zweige. Auf dem Boden siehst du einige seiner starken, sehr alten Wurzeln. Diese reichen ganz tief in die Erde hinein.
Ja, du bist fest verwurzelt mit dem Boden und hast einen sicheren Halt. Selbst ein Sturm könnte dir nichts anhaben.
Du fühlst dich stark und mächtig mit deinen kraftvollen Wurzeln, die weit in die Erde hineinwachsen.
Stell dir genau vor, DU bist dieser starke Baum.
Spüre deine Wurzeln. Sie geben dir Sicherheit und ganz viel Halt. Nichts und niemand kann dich umwerfen.
Sage zu dir selbst: *Ich bin stark wie ein Baum.*

Reflexion:
Wie fühlst du dich nach dieser Übung?

Geschichte 1

Ferien sind super UND Schule auch

Ein wunderschöner, warmer Sommertag im August.
Drei Freunde liegen auf einer Wiese am Rande des Waldes, die mit tausenden von bunten Blumen geschmückt ist und nach frischem Gras duftet: ein gemütlicher Bär namens Bruno, der immer hungrig ist und das Essen liebt, Maxi, der Marder, ein kleiner Miesepeter, der sehr schlau und abenteuerlustig ist, und das Igelmädchen Ida, die ein großer Fan von ihren Freunden ist, gerne lacht und super gerne Spaß hat.
Die drei sind allerbeste Freunde und gehen, wie man so schön sagt, seit ihrer Geburt durch dick und dünn.
Häufig besuchen die drei ihre gute Freundin Eugenia, eine sehr alte und sehr weise Eule und holen sich bei ihr gerne einen Rat für ihre Probleme. Leider ist Eugenia etwas schwerhörig und versteht so manche Dinge etwas anders.

An diesem wunderschönen Tag besuchen die drei Freunde die Eule und hören, wie Eugenia mal wieder vom Leben schwärmt: „Hach, das Leben ist doch einfach herrlich. Wir haben alles, was wir brauchen, um glücklich zu sein: Wir leben in einem traumhaft schönen Wald. Wir finden immer ausreichend leckeres Essen, haben eine Menge Spaß zusammen und erleben jeden Tag etwas Spannendes. Was gibt es Schöneres?“ „Ach, Eugenia, bei dir ist immer alles super und toll. Manchmal ist das Leben auch einfach nur doof!“, antwortet Marder Maxi daraufhin genervt.
Bruno Bär wirft währenddessen eine Nuss nach der anderen in die Luft, um sie mit dem Mund aufzufangen.

Geschichte 1

„Hä? Wie jetzt? Hab' ich was verpasst? Doof? Boa, neee, diese Nüsse sind einfach megaaalecker. Wow, hab' bereits die fünfte Nuss in Folge mit dem Mund gefangen. Ich sage nur: Ta-ges-re-kooord! Wahnsinn!", sagt Bruno Bär. „Hey, Maxi, was genau meinst du denn mit: ‚Das Leben ist manchmal doof'?", fragt Ida nach. „Zum Beispiel enden unsere Ferien in zwei Tagen und wir müssen wieder in die Schule gehen", sagt Maxi. „Dann heißt es wieder: früh aufstehen, früher ins Bett gehen, langes Stillsitzen, kaum noch Zeit zum Spielen. DAS finde ich to-tal doof! Deswegen habe ich heute keine gute Laune".
„Was ist mit einer Pflaume?", fragt Eugenia nach.
„Nicht Pflaume, LAU – NE", wiederholt Maxi schön laut.
„Ach sooo", antwortet Eugenia." Ihr habt doch heute und morgen noch Ferien, oder? Also solltet ihr nicht darüber grübeln, was in zwei Tagen ist. Genießt doch diesen Moment. Hier und jetzt. Springt in den See, planscht und tollt herum, sammelt süße Beeren und werft sie euch gegenseitig in den Mund, spielt mit den Eichhörnchen Verstecken, macht am Abend ein Lagerfeuer mit Stockbrot und leckeren Kartoffeln und erzählt euch lustige Geschichten und Witze. Wie wäre das denn?"
„Ja, voll gut gesagt, Eugenia. Und ja, Maxi, du hast natürlich komplett recht damit, dass Ferien super sind UND Schule ist doch auch super. Wo sonst würden wir Tag für Tag so viel Cooles lernen? In der ersten Klasse haben wir Lesen und Schreiben gelernt und nur aus diesem Grund kann ich Oma und Opa einen Brief zum Geburtstag schreiben." „Jaaaa, das stimmt", schaltet sich nun Bruno Bär mit vollem Mund ein, „und wir haben auch gelernt, die Uhr zu lesen.

Geschichte 1

Seitdem komme ich nie mehr zu spät zum Abendessen. Mmmhhh, nun ja, also fast nie", ergänzt er schelmisch schmatzend. „Oh ja, das stimmt!", schaltet sich jetzt auch Maxi etwas begeisterter ein: „Wisst ihr noch, als wir gelernt haben, einen eigenen Drachen zu bauen? Immer wenn es windig ist, können wir nun unsere Drachen steigen lassen. So, so toll!" „Jo, das war echt krass", ruft Bruno dazwischen. „Dein Drachen flog am allerhöchsten – ähhm und meiner landete im Birnenbaum. Aber die Birnen haben auch wirklich sehr lecker geschmeckt. Birnen, yeah, die lieb' ich doch seehr!", beginnt Bruno Bär zu rappen. Alle drei Freunde beginnen laut zu lachen. Marder Maxi strahlt nun wie ein Honigkuchenpferd über beide Marderohren: „Ihr habt ja so recht. Ferien sind super und Schule ist auch super!" „Und jetzt weg mit allen trüben Gedanken. Auf zum Seeee! Tschüss, Eugenia, bis bald."

„So und jetzt kommst du", wirft Maxi zum Schluss noch ein.
„Was, glaubst du, bedeutet der Satz von Eugenia:
‚Genießt den Moment. Genießt das Hier und Jetzt'?
(Raum für Kinderantworten)
„Ganz egal, was morgen, nächste Woche oder nächsten Monat ansteht. Lasst uns einfach diesen Moment genießen.
Was gestern war, können wir nicht rückgängig machen. Was morgen kommt, wissen wir erst morgen. Aber diesen Augenblick, das Jetzt können wir so richtig feiern.
Was kannst du in der Zukunft tun, um jeden einzelnen Moment noch mehr zu genießen und zu feiern?"

Geschichte 2

STOPP!
Wer mich ärgert, bestimme immer nur ICH!

Ding, dang, dong.
Die Schulglocke läutet und alle Tierkinder strömen lautstark aus den Klassenräumen. „Niiicht lau-fen! Lei-se!“, tönen die Lehrerinnenstimmen durch die Gänge. Die Stimmen ignorierend, rennen und hüpfen Hunderte lachender und erzählender Tiere aus der Waldschule nach draußen. Bruno Bär und Ida Igel haben sich vor dem Schultor bereits gefunden und warten noch auf ihren Freund, den Marder Maxi, um gemeinsam nach Hause zu gehen. „Hey, Maxi, da bist du ja endlich. Warum kommst du so spät?“, fragt Ida interessiert. „Mann, mann, mann, ich bin echt so was von sauer und stinkig und überhaupt hatte ich einen richtig blöden Tag“, meckert Maxi laut drauflos. „Wie? Wo? Was? Hä? Wer ist blöd? Boa, ich hab' echt so was von Hunger. Los, schnell nach Hause! Mit-tag-es-sen!
Mittagessen, yeah. Das lieb' ich doch seehr“, rappt Bruno gut gelaunt und beginnt, über sich selbst zu lachen. „Mann, Bruno, es dreht sich nicht immer alles nur um dein verdammtes Essen“, raunt Marder Maxi den komplett verdatterten Bären an. „Ähh, wie jetzt? Wichtigeres? Äh, äh, was denn?“, stottert Bruno daraufhin. Nun mischt sich auch Ida Igel in die Unterhaltung ein: „Hey, ihr zwei, lasst uns zu Eugenia flitzen und in Ruhe über alles sprechen, okay?“
„Ähm, und was ist mit meinem Mittagessen?“, fragt Bruno Bär verzweifelt. Ida und Maxi beginnen zu lachen und rennen los.
Bei der weisen Eule angekommen, greift das Igelmädchen das Thema wieder auf:

Geschichte 2

„So, was ist heute in der Schule passiert? Nun aber Butter bei die Fische!" „Wie jetzt? Welche Mutter liegt auf dem Tische? Versteh' ich nicht", sagt Eugenia verständnislos.
„Nee, nee, das hast du falsch verstanden, liebe Eugenia. War aber auch nicht so wichtig", stellt Ida klar.
„Ach, es ist doch immer das Gleiche", beginnt Maxi zu erzählen. „In jeder Pause nerven mich der Fuchs und der Rabe, spionieren mich aus, provozieren mich und sagen permanent: ‚Laber, laber, Rhabarber, du dummer, kleiner Marder! Das nervt mich sooo sehr. Heute habe ich dann angefangen, sie mit Steinen zu bewerfen und auch zu beschimpfen. Dann kam die Aufsicht, Frau Wolf. Sie hatte blöderweise nur gesehen, wie ICH die Steine geworfen habe. Daraufhin gab es ein großes Donnerwetter. Mega, sag' ich euch. Mega Pause."
Nun schaltet sich die weise Eule ein: „Eine mega Sause? Echt?"
„Nein, PAU-SE, meinte ich."
„Okay, okay, ich verstehe. Maxi, es tut mir leid, dass du so eine doofe Pause hattest und dass die beiden dich einfach nicht in Ruhe lassen. Aber irgendwie sollen wir uns eine Strategie überlegen, wie du in Zukunft reagieren kannst. Ohne Steine zu werfen", zwinkert Eugenia ihrem kleinen Freund zu. „Ich verrate euch ein Geheimnis, wie ihr in jeder Situation schafft, ruhig und gelassen zu bleiben und zu reagieren.
Also, ihr drei, passt gut auf. Es ist ganz einfach:

1. STOPP!
2. Ausatmen, einatmen, ausatmen.
3. Überlegen, wie du reagieren möchtest.

Geschichte 2

Denn du bist dein eigener Chef! Du bist der Pilot deines Flugzeugs! Du hast immer die Wahl. Das ist alles! Und vertrau mir, Maxi, es funktioniert. Allerdings soll man es ein bisschen üben."
„Äh, wie jetzt? Wer ist der Pilot? Und wo ist das Flugzeug überhaupt?", schaltet sich Bruno Bär einen Apfel mampfend ein. „Das hab' ich nun gar nicht geschnallt.
„Ja, Eugenia, klingt nach 'nem coolen Plan", ergreift nun Ida Igel das Wort. „Gehen wir mal davon aus, dass dich die beiden, Fuchs und Rabe, morgen wieder ärgern. Was könntest du als Erstes machen?" „Du könntest sie vielleicht fragen, ob sie was Leckeres zu essen dabeihaben?", wirft der Bär ein.
„Sehr witzig, Bruno", kontert Maxi, „mmhhh, ich ignoriere sie?", schlägt der Marder etwas unsicher vor.
„Oh jaaa! Ganz genau", jubelt Ida. „Die beiden wollen doch nur, dass du dich ärgerst. Ärgern macht doch nur Spaß, wenn es auch jemanden gibt, der sich darüber ärgert. Sobald sie merken, dass es dir gleichgültig ist, werden sie sehr schnell das Interesse verlieren, dich zu ärgern. Glaub' mir." „Aber was mache ich, wenn sie sich wieder vordrängeln oder immerzu ihren doofen Marderspruch rufen?" „Was denn für ein Rhabarberbuch?", fragt die schwerhörige Eule. „Mar-der-Spruch hab' ich gesagt", wiederholt Maxi.
„Oh, ich verstehe. Na, ganz einfach, dann kommt wieder die magische *STOPP-Regel* ins Spiel", erklärt die Eule weiter.

Geschichte 2

„Sag dir innerlich einfach ‚STOPP!', atme aus, wieder ein und noch einmal aus und dann überlegst du dir, wie du reagieren möchtest. Schließlich entscheidest du selbst und nur du darüber, über wen und was du dich ärgern möchtest." „Okay, ich glaube, das bekomm' ich morgen vielleicht hin", antwortet der Marder noch etwas zögerlich. „Nein, nicht vielleicht. Du bekommst das so was von sicher hin. Jeder von uns. Ich hab's verstanden! Wir müssen nur fest daran glauben und es einfach immer wieder anwenden", bringt Ida Igel es auf den Punkt. „Also?" „Okay, okay, ich bin der Pilot und ich entscheide, über wen oder was ich mich ärgere oder aufrege. Ich allein. Ignorieren! Stopp! Atmen! Entscheiden! Reagieren! Geschnallt!", fasst Maxi alles noch einmal zusammen. „Ich glaub, ich hab's auch verstanden", schaltet sich nun Bruno Bär ganz optimistisch ein. „Aber Freunde, ich habe wirklich einen Bäääärenhunger. Könnten wir nun bitte bitte nach Hause gehen. Mittagessen?! Jaaa?! Mittagessen, yeah, das lieb ich doch seehr!", singt Bruno Bär etwas lauter als normal.
Alle drei Freunde und Eugenia beginnen zu lachen, die drei verabschieden sich von der Eule und rappen auf ihrem Nachhauseweg gemeinsam: „Mittagessen yeah, das lieben wir doch seehr. Yeah yeah yeahhhh!"
Ganz leise hört man Eugenia noch vor sich hin brabbeln: „Was haben sie gesungen? Fair am Meer mit Teer? Oder war es der Speer im Meer ist fair? Ach, ist auch egal. Hauptsache, sie sind wieder glücklich, oder?"

„So, und jetzt kommst du", fordert Maxi dich nun auf.
„Kannst du mir noch einmal genau erklären, was der Satz bedeutet: ‚Ich bin der Pilot in meinem Leben'."

Geschichte 2

„Und was meinte Eugenia genau mit dem Atmen? Warum sollte man zuerst aus- und einatmen, bevor man reagiert?“
(Raum für Kinderantworten)
„Genau, du bist der Chef, der Pilot in deinem Leben. Allein du entscheidest, wie du reagieren möchtest. Du hast immer die Wahl. Jeden Tag aufs Neue. Wenn du dich über etwas oder jemanden sehr ärgerst, versuche, erst einmal ‚Stopp!‘ in deinem Kopf zu sagen. Kurz atmen, nachdenken und erst dann reagieren. Probiere es am besten sofort heute noch aus.“
„In welcher Situation könntest du diese Regel gut anwenden?“
(Raum für Kinderantworten)

Mein Glas ist halb voll

Es ist Sonntag. Herbstanfang. Ein sehr verregneter und grauer Tag. Kaum ein Sonnenstrahl schimmert durch die dichte Wolkendecke. Die drei Freunde haben sich zum Spielen verabredet. „Boa, was für ein düsterer Tag ist das denn? Warum kann nicht einfach immer Sommer sein? Ich glaub', ich geh' zurück in meinen Bau und schlaf noch 'ne Runde weiter“, murrt der Marder Maxi prompt drauf los. „Ach, Quatsch“, entgegnet Ida Igel, „lasst uns doch zum Fluss gehen und einen Staudamm bauen oder eine Runde Segeln gehen mit unserem selbst gebauten Floß? Ja oder ja? Den Wind können wir doch perfekt zum Spielen nutzen und der Regen stört doch nicht.“ „Klar stört der Regen. Mein ganzes Fell ist schon nass.

Geschichte 3

Und der Wind pustet so stark, dass ich gleich davonfliege", meckert Maxi weiter. „Ähh, wie jetzt? Fliegen? Boa, ich würde sooo gerne einmal fliegen können. So wie die Vögel. Das wäre cool. Fliegen yeah, oh, das lieb' ich seehr", beginnt Bruno Bär zu singen. „Mann, Bruno, du Träumer, dein Gesang ist ja kaum zum Aushalten", mault Maxi ihn an. „Kommt, Jungs. Lasst uns zu Eugenia düsen. Vielleicht hat sie einen guten Tipp für uns", entgegnet Ida daraufhin. Gesagt, getan. Und kurze Zeit später stehen die drei Freunde vor Eugenias großer Eiche. „Hey, ihr drei, wie schön, dass ihr mal wieder vorbeischaut. Wie ist die Lage da unten?", flötet die Eule gut gelaunt wie immer.

„Nun ja, war schon mal besser", antwortet Maxi. „Voll der öde Tag heute". „Welche Beute?", fragt die schwerhörige Eule die Tierkinder. Die drei fangen an zu lachen und erklären ihr, worum es geht. Eugenia antwortet daraufhin: „Ach. Maxi. Das Wetter können wir leider nicht ändern. Es geht und kommt, wie es möchte. Das ist die Natur. Darauf haben wir keinen Einfluss. Natürlich könnten wir nun den ganzen lieben langen Tag über das düstere Regenwetter schimpfen und meckern. Aber was bringt uns das? Außer schlechte Stimmung, doofe, negative Gedanken und einen verlorenen Tag. Also könnten wir doch besser diese negative Energie in etwas Positives, also Gutes verwandeln, oder?"

„Aber wie bitte soll ich denn meine ganzen negativen Gedanken in Positives verwandeln?", fragt Maxi Marder nach. „Ich bin ja schließlich kein Zauberer."

„Sauberer? Was bitte hat das denn mit sauberer zu tun? Versteh ich nicht", fragt Eugenia verständnislos. „Nicht sauberer, ZAUBE-RER, meinte ich", erwidert Maxi lachend.

Geschichte 3

„Ahhh, ja, da hast du wirklich recht, lieber Maxi. Zaubern würde ich auch gerne können. Das würde so einiges erleichtern", stimmt ihm die Eule aufmunternd mit einem Augenzwinkern zu.
„Aber wenn ich so darüber nachdenke, sind wir alle kleine Zauberer. Und zwar Zauberer unserer Gedanken. Wir entscheiden, was wir denken, was wir fühlen und wie wir uns verhalten möchten. Also, was ich damit sagen möchte, ist, dass du, Maxi, deine negativen, schlechten Gedanken ganz schnell und einfach in positive, gute Gedanken verwandeln kannst. Mit deiner eigenen Magie. Du entscheidest jeden Tag und jeden Moment aufs Neue, ob dein Glas halb leer oder halb voll ist." „Wie jetzt? Das check ich nicht," fügt Bruno fragend hinzu. „Halb voll? halb leer? Welches Glas? Habt ihr was zu trinken eingepackt? Ohhh, ich habe wirklich Durst und Hunger sowieso. Lasst uns doch Honig suchen gehen."
Eugenia nimmt wahr, dass Bruno es noch nicht ganz verstanden hat. Sie gibt nicht auf und versucht, ihre Gedanken ihren Freunden etwas besser zu erklären: „Nehmen wir doch einfach den heutigen Tag als Beispiel. Wie bereits gesagt, wäre eine Möglichkeit, diesen grauen, trüben Tag als *blöden Tag* abzustempeln. Wir schimpfen gemeinsam, wie doof alles ist, wie arm wir dran sind, weil es regnet und stürmt und jeder geht wieder mit schlechter Laune in seinen Bau zurück und wir warten auf besseres Wetter. In diesem Fall wäre der Tag verschenkt und unser Glas ganz klar halb leer. Oder aber: Wir sehen dieses Wetter als eine Herausforderung, als ein Abenteuer, das wir erleben dürfen. Wir überlegen uns gemeinsam, was man perfekt spielen kann bei Regen und Sturm. In diesem Fall ist unser Glas halb voll."

Geschichte 3

„Mmhhh, nun ja, Eugenia, du hast – wie immer – komplett recht", sagt Ida. „Unser Glas sollte immer voll sein. Egal was wir sehen oder machen.
Wir sollten alle mit offenen Augen durchs Leben gehen und allem und jedem positiv und abenteuerlustig gegenübertreten. Das Leben ist ein Abenteuer und wir können es mit unseren Gedanken steuern. Lasst uns im Regen singen und tanzen. Yeahhhh!"
„Jaaa, da bin ich ganz bei dir. Singen und Tanzen find ich mega. Ja, das mag ich seehr. Yeah, yeah, yeah!", sagt Bruno Bär. „Ich entscheide allein, wie mein Tag aussieht und was ich draus mache. Ich habe immer die Wahl, wie ich es betrachte. Gut oder schlecht. Rosa oder schwarze Brille. Ich bin echt froh, so gute Freunde wie euch zu habe. Ihr seid einfach die Coolsten. Kommt, lasst und zum Floß flitzen und gucken, ob wir bei diesem Wind einen neuen Schnelligkeitsrekord aufstellen können." Die drei Freunde singen und tanzen fröhlich durch den Regen: „Tschö, Eugenia, bis baaald und daaanke."
„Jawoll, jawoll, jawoll, unser Glas ist immer halb voll."
„Tschööö, ihr drei, schön, dass ihr mich besucht habt. Und ja, das Gras ist wirklich toll. Oder sangen sie ‚da fraß der Troll', ach ist, ja auch egal. Tschüssikowski. Bis baaald", ruft die Eule noch hinterher.

„So, und jetzt kommst du", fordert Maxi dich nun auf.
„Was bedeutet es, wenn man sagt:
‚Mein Glas ist immer halb voll', möchte Maxi gerne von dir wissen.
„Macht das Leben mehr Spaß, wenn das Glas halb voll oder halb leer ist? Und warum?"
(Raum für Kinderantworten)

Geschichte 3

„Generell ist es natürlich voll okay, wenn man auch mal schlechte Laune hat. Dagegen möchte ich gar nichts sagen. Nur manchmal gibt es ja so Tage, an denen ich gerne aus meinem ‚Schlechte-Laune-Loch' wieder rausklettern möchte.
Hast du vielleicht einen guten Tipp für mich, was ich dann machen könnte?
Woran könnte ich oder kannst du in einem solchen Moment denken?"
(Raum für Kinderantworten)
„Ganz lieben Dank für eure tollen Tipps. Die werde ich alle beim nächsten ‚Schlechte-Laune-Tag' anwenden."

Du bist wunderschön

An einem sonnigen Nachmittag treffen sich die drei Freunde am See zum Baden. „Los, ihr Schneckchen, wer zuerst im Wasser ist", ruft Marder Maxi seinen Freunden herausfordernd zu und ist schon dabei, eine ordentliche Arschbombe in den See zu machen. Ida Igel nimmt den kleinen Wettkampf freudestrahlend an, klettert auf einen naheliegenden Ast und springt so nah an den Marder heran, dass dieser sich total erschreckt und eine große Wasserwelle mitten ins Gesicht bekommt. Die beiden lachen und toben unbeschwert und glücklich im See herum, bis ihnen plötzlich etwas auffällt. „Hey, Bruno, was ist denn mit dir los?", fragt Ida erstaunt.
„Du bist doch sonst immer der Erste von uns, der im Wasser ist."
„Ach, ich weiß auch nicht. Mir ist heute nicht nach schwimmen", erwidert Bruno Bär daraufhin sehr leise und lustlos.

Geschichte 4

„Hä? Das hab’ ich ja noch nie von dir gehört“, mischt sich nun auch Maxi ein und klettert aus dem See.
„Hier! Fang!“, und wirft ihm eine Nuss rüber: „Und nun erzähl uns doch mal, was für eine Laus dir über die Leber gelaufen ist.“
Da kommt Eugenia im Sturzflug auf die drei Freunde zugeflogen: „Hey, ihr drei Wasserratten, wie schön, dass ich euch hier zufällig treffe. Wie geht’s? Ida wiederholt die letzten Sätze für Eugenia noch einmal schön laut. Schließlich beginnt Bruno Bär, von seinem doofen Tag zu erzählen:
„Mmmhhh, eigentlich wollte ich ja gar nicht darüber reden, aber vielleicht habt ihr ja eine gute Idee, was ich machen könnte?“, beginnt der Bär, traurig zu erzählen. „Heute im Sportunterricht hatten wir das Thema Turnen und alle sollten mithilfe des Trampolins über einen Baumstamm springen. Als ich an der Reihe war, ist das Trampolin kaputtgegangen. Ich war einfach zu schwer und bin mittendrin stecken geblieben. Alle haben mich ausgelacht und einige haben immer wieder gerufen: ‚Bruno ist zu schwer, du dicker, dicker Bär.‘ Daraufhin bin ich einfach in den Wald gelaufen und habe geweint.“ „Ach, Bruno, warum erzählst du uns das denn nicht sofort?“, entgegnet Ida Igel verständnisvoll. „Wir sind doch deine besten Freunde. Dafür sind Freunde doch da, um sich gegenseitig zu helfen und zu trösten.“ „Ja, das weiß ich doch“, antwortet Bruno, „es ist nur so, dass ich immer das schwerste und dickste Tierkind bin. Egal wo ich hingehe, werde ich deswegen gehänselt oder ausgelacht. Ich möchte so gerne dünner sein und etwas kleiner. So wie du, Maxi. Das wäre toll. Warum muss ich nur so dick sein?“
„Nun ja, mein lieber, großer Freund“, mischt sich nun auch Maxi Marder schmunzelnd ein, „du bist aber auch den ganzen lieben langen Tag am essen.“ „Jaaa, ich weiß ja“, sagt Bruno, „aber ich

Geschichte 4

habe auch immerzu Hunger und alles ist einfach so, so lecker". „Bäcker? Was für ein Bäcker?", schaltet sich auch Eugenia in die Unterhaltung ein und fährt fort: „Ich verstehe dich komplett, lieber Bruno, und ich bin anderer Meinung als du. Du bist schließlich ein Bär. Bären sind von Natur aus ziemlich groß, stark und dick. Wie sollten sie auch sonst den Winterschlaf überstehen? Dazu brauchen sie eine gewisse Fettreserve als Vorrat. Oder etwa nicht? Und überhaupt? Hast du schon einmal einen dünnen Bären gesehen? Ich jedenfalls nicht. Würde auch irgendwie merkwürdig aussehen." „Ganz genau", stimmt Maxi seiner Eulenfreundin zu, „außerdem ist es doch total egal, wie jemand aussieht. Du bist mein bester Freund. Und ich mag dich genauso, wie du bist. Ich würde dich doch nicht lieber mögen, nur weil du etwas kleiner oder etwas dünner wärst. Wichtig ist mir doch nur, dass du so lustig und nett bist, dass du immer hilfsbereit und gut gelaunt bist. Außerdem teilst du immer dein Essen mit mir. Also meistens jedenfalls. Hi hi!", kichert Maxi. „Ohhh, das hast du aber lieb gesagt, Maxi", bedankt sich Bruno Bär glücklich. „Von dieser Seite habe ich es noch nie betrachtet. Mir ist es auch total egal, wie ihr drei ausseht. Für mich seid ihr wunderschön."
„Schön gesagt, Bruno! Wichtig sind doch immer nur unsere inneren Eigenschaften", fährt Ida fort. „Wie jemand ist, was jemand tut oder was jemand sagt. Und nicht wie jemand aussieht. Du hast so viele wunderbare Eigenschaften.
Du bist genauso toll und großartig und besonders, wie du bist. Das macht dich einzigartig. Das macht dich genau zu dem Bären, der du heute bist. Du bist perfekt, so wie du bist. Du bist wunderschön, so wie du bist." „Amen!", foppt Maxi Marder. „Aber Scherz beiseite. Wo sie recht hat, hat sie recht!"

Geschichte 4

„Ach, danke, ihr drei. Es tat richtig gut, mit euch darüber zu reden. Und wisst ihr was? Ich fühle mich auch gar nicht mehr traurig. Ganz im Gegenteil. Ich bin glücklich, dass ich ICH bin und dass ich die allerbesten Freunde dieser Welt habe. Und nun habe ich das riesengroße Bedürfnis, mit euch in den See zu springen. Wetten, dass meine Arschbombe die größte wird?", fordert der Bär seine Freunde heraus. „Top, die Wette gilt. Drei, zwei, eins. Go!"
„Die Klette grillt? Hä? Ach egal. Meine Ohren. Nur schade, dass ich keine Wassereule bin. Dann würde ich jetzt mit euch in den See springen. Tschüssi, bis die Tage", verabschiedet sich Eugenia von ihren kleinen Freunden.

„So und jetzt kommst du", fordert Maxi dich nun auf.
„Warum sind die Eigenschaften eines Menschen viel wichtiger als sein Aussehen?"
(Raum für Kinderantworten)
„Überlege dir einen Menschen, der dir ganz wichtig ist.
Wer möchte diesen Menschen einmal beschreiben?
Was fällt dir dabei auf?
Hast du mit einem Wort sein Aussehen erwähnt?"
(Raum für Kinderantworten)
„Es ist einfach komplett unwichtig, wie wir aussehen, oder?
Es ist unwichtig, ob wir groß oder klein,
dick oder dünn, helle Haut oder dunkle Haut haben.
Ganz allein wichtig ist, wie wir uns verhalten,
was wir sagen, was wir machen.
Was für tolle Eigenschaften hast du denn so?
Schreibe es dir doch einfach einmal alles auf.
Tschüssikowski, euer Maxi."